Méli-Mélo

Poésies en cascade

Isabelle Console

Méli-Mélo

Poésies en cascade

Mentions légales

© 2022 Isabelle Console

Édition : BoD – Books on Demand, info@bod.fr
Impression : BoD – Books on Demand, In de Tarpen 42, Norderstedt (Allemagne)

Impression à la demande

ISBN : 978-2-3224-5990-2
Dépôt légal : Octobre 2022

Pour mes enfants

L'intello des marais

L'intello des marais aimait baguenauder
Parmi poules et canards
Tous les sens aux aguets.

Il déclamait des rimes, aboyait des sonnets,
Il enfonçait ses bottes, comme des portes ouvertes,
Épatait la galerie : ragondins et bécasses,
Vapotait du menthol, détestait les limaces,

Folâtrait, l'hystérique, comme un hyperactif,
Prenait moult photos, dérangeait les roseaux.
Jusqu'à ce qu'éreinté, courbatu et en nage,
L'Attila du biotope délaisse le marécage.

Bien installé au chaud dans sa petite voiture,
Regagne son logis, retourne à ses lectures.
Puis dorme sereinement, paisible créature
Abrutissant benêt, inconscient de Nature.

Le chien du Monoprix

Le chien du Monoprix est toujours bien assis,
Posé entre layette et maroquinerie.
Son maître est hors de vue, perdu dans un rayon.
Il a abandonné son fidèle moussaillon

Qui tremble d'inquiétude, tout au bout de sa laisse,
Si anxieux mais si sage, tout doux sous les caresses.
Les clients lui murmurent des mots affectueux,
Ebouriffent et caressent son pelage broussailleux.

Soucieux mais si poli, il incline le front,
Et soulève ses babines pour mimer un sourire,
Tandis que ses yeux fixent le lointain horizon,
Où son maître adoré a quitté le navire.

Et lorsque celui-ci enfin refait surface,
Ses bons yeux s'illuminent, adieu vilaine angoisse !

Le baron des clopinettes

Dans son beau costume damassé,
Souliers pointus et col cassé,
Il aurait presque eu de l'allure.
S'il n'eût pris si mauvaise tournure...

Il mâchonnait de la réglisse, pour cacher l'odeur de biture.
Il espionnait les confidences de ces dames au salon de coiffure.
Déambulant comme une hyène, les yeux en coin, rasant les murs,
Il collait de trop près les filles, comme mouche sur confiture.

Toujours à leur faire la causette,
A vouloir porter leurs emplettes,
Les ramener dans leurs chambrettes !

Raie au milieu, cheveux huilés, moustache frisée comme une virgule,
Il était lourd il était laid et disgracieux comme
une pustule !

Il aimait bien les andouillettes, mais raffolait des crêpes Suzette.
Il appréciait les coquillettes, mais il préférait la Rosette...
Sans oublier la mortadelle !

Un soir qu'il zonait sous un pont, il entendit un grand tumulte.
Une tribu de poulettes lui fit faire la culbute !

Elles en avaient ras la casquette !
Lui donnèrent un coup sur la tête !

Il disparût aux oubliettes,
Le baron des clopinettes.

Le vampire des ondes

Ma sinistre silhouette arpente les couloirs,
Et les tristes ruelles qui se vident le soir.
Je m'embusque puis zigzague, je bondis et je mords.
Si par chance je vous frôle, vous frissonnerez fort.

Craignez-moi, car je plante mes crocs au hasard,
Dans le bras d'un vieillard, dans l'épaule d'un taulard,
Dans le cou des jeunes filles et des beaux gars virils.
Pas de favoritisme, vous êtes tous en péril !

Je suis l'ombre, l'angoisse, la peur sourde et tenace.
Mon souffle à votre oreille susurre des menaces.
Caché sous votre lit, tapis dans un placard,
Vous sentez ma présence au détour d'un regard.

Sorcières, loups-garous, morts-vivants et vampires,
Craignez-moi vous aussi, car mon pouvoir est pire.
A vingt-heures je sévis, et tous je fais frémir.
Catastrophes, cataclysmes, à moi je les attire.

Je les sers en entrée ou comme digestif,
A tous ces pauvres gens inquiets et dépressifs !
Oracle malfaisant, je sème la terreur,
La désinformation, j'en suis le pourvoyeur

Un horloger bien tempéré

Tout au bout d'une impasse se trouve un horloger,
Silencieux, efficace, précis et mesuré.
Parfois quand le temps presse, ou que la vie m'oppresse
Je vais me réfugier dans son vieil atelier.

Penché sur un gousset ou une ancienne pendule,
Son œil s'écarquille, inquisiteur globule,
Tandis qu'il examine les roues, les engrenages,
Dans sa loupe d'horloger, précieux appareillage.

Les mouvements égrènent les minutes sans peine,
Et mes soucis s'effacent...
Le tic-tac les ramène à leur simple mesure,
Si peu de choses tout de même...

Rupture sous chapiteau

Oubliez la piste aux étoiles,
Avec Irene ça va très mal...
Au petit matin on se dispute,
Et tous les soirs c'est le tumulte !
Bref on s'engueule que voulez-vous,
Pourtant je l'aime plus fort que tout !

C'est à cause de son caractère.
Elle en a après mes manières !
Paraît que César le dompteur
Est bien plus classe et plus charmeur...

Pourtant il fouette ce gros dragueur !
Il sent le fauve c'est une horreur !
Alors que moi je me parfume,
Je me fais beau, mange des légumes !

Irene, avant, c'était quelque chose...
Elle était jeune elle était rose.
On aurait dit une sirène,
Là-haut juchée sur son trapèze.

Maintenant elle râle et vitupère !

Quand elle se jette dans les airs
A l'aide !! On dirait une sorcière !
Et moi je me la récupère...

Parfois j'en ai presque la haine,
Limite je lâcherais l'affaire.

Je laisserais mes mains ouvertes,
Et bim elle s'étalerait par terre...

Mais bon... Je la serre fort quand même...
Et je m'accroche... Faut-il que je l'aime !
Et puis sait-on jamais ? Par chance,
César finira en pitance...

La complainte du coiffeur pour chien

Mes clientes font toujours des crises, elles veulent que Toutou concrétise
Leur haute idée de la beauté, mais Mon Dieu que c'est compliqué !

Comment voulez-vous que je fasse un prix de concours ou un chien classe
D'un caniche borgne et édenté ?
Ou bien d'un vieux bichon pelé ?

Pour aller avec le standing de vos tailleurs chics et cintrés,
Je taille des franges, des queues en boule
Pour qu'ils ne sortent pas du moule.

Et que je frotte, et que je brosse, je nettoie des oreilles pas nettes.
J'enlève les crottes, aux yeux, aux fesses, de vos mignonnes petites bêtes.

Faudrait en plus que je sois psy
Pour votre chien, ma petite Madame !
Quand il grogne et commence sa crise,
que je le rassure, que je le calme...

Parfois ce sont des hystériques, ils me font des crises de panique !
Vas-y que je donne des friandises,
Pour qu'ils épargnent ma chemise !

Et puis votre air si dédaigneux en regardant ma devanture.
C'est pas avec votre pourboire que je vais payer mes factures !

Moi je voulais être coiffeur, mais voyez-vous, c'est là le malheur,
Ces dames n'étaient jamais contentes, de leur brushing, de leur couleur.
Alors un jour je me suis dit qu'avec les bêtes ça serait le bonheur,
Mais c'était compter sans ces dames et leurs caprices, grossière erreur.

Alors je shampooine et défrise, pour que « Prince du Nil » s'harmonise
Avec leurs mises-en-plis bleutées,
Leurs ongles et faux-cils si parfaits...

Le lecteur du métropolitain

Un bout de fesse sur une banquette, le nez plongé dans un polar,
Il enquêtait sur double meurtre, disparition ou traquenard.
Jambes repliées, coudes bien serrés, filant dans les noirs souterrains,
Il suivait Marguerite Gautier, tout tassé sur son strapontin.

Il dépliait sa grande carcasse quand approchait le Champ de Mars,
Ou bien sortait in extremis, quand fermaient les portes à Rungis,
Et suivait la foule automate qui déboulait dans les couloirs,
En zigzaguant le nez au sol, un livre plié dans son costard.

Suivant sur le toit un hussard, il arrivait chez lui fort tard,
Puis accompagnait Virginia pendant sa promenade au phare.
Enfin il s'endormait, si sage, le visage tout près de la page,
Suivant sans bagages son ouvrage qui l'emportait dans son sillage...

Un peu de sel dans la cuisine

C'est déprimant la cuisine fade,
Bouillons maigres et tristes grillades…
Est-ce une clinique ? Un hôpital que cette tablée familiale ?
Quand on élève un peu la voix, gare à la crise nosocomiale… !

Moi j'en ai ma claque des sucrettes, vive les loukoums, ça c'est la fête !
Les rires qui secouent la cahute !
Et les verres qui font la culbute !

A bas les compotes, les régimes, qui mettent les papilles en faillite,
A moi le beurre et les épices, que ça mijote dans les marmites !
Un gros beignet…
Une bonne fougasse…
C'est toujours mieux qu'une crise d'angoisse !

Fini la poisse, moi je veux de l'Epoisses ! J'arrête tous les régimes lourdasses !
Donnez-moi de la cuisine grasse, pas des légumes ternes et fadasses !

Nature

Tons pastel, glacés ou chauds
Composent une infinie palette.
Sans hésitation le pinceau
Va sans laisser de gouttelettes.

Proportion et harmonie,
Perspective et géométrie,
S'accordent avec désinvolture,
Lorsque l'artiste est la Nature.

Hiver

Fenêtre de givre,
Fumeroles de mots tout blancs,
Pur souffle de glace.
Vapeurs de thé chaud,
Savourer l'instant présent.

Simplicité

Douceur de neige que vient troubler
La fine fourche d'un pas d'oiseau,
Légèreté de feuilles rouges,
Qui dansent telles des cerfs-volants.

Belle, silencieuse et fragile,
La simplicité m'émerveille,
Perle d'eau brillant au soleil,
Bijou à nul autre pareil.

Jaune

Parmi les tournesols,
Se laisser voguer,
Caresser les pétales.

Doux crissement des graines, parfaitement alignées
Perfection plus qu'humaine.
Et silence, silence doré.

Resplendissante vague.
Marée de lumière.
Et nous tellement petits.
Juste nous incliner.

Le chêne heureux

Mon vieux tronc épaissi est bardé de cicatrices.
Les enfants pour toujours y ont gravé leurs initiales.
Suspendus à mes branches, leurs jambes battant l'air,
Ils font vibrer mes feuilles à l'unisson de leur chahut.
Le soir venu ils partent, mais leur rire fait encore frissonner l'air.
La paix nocturne adoucit mes traits et caresse leurs cheveux.
Ils sont et je suis.
Nous sommes au présent simple, nous sommes au présent souple.
Je suis un chêne heureux.

Copains comme cochons

Tu étais court sur pattes, sans aucune élégance,
Tu farfouillais le sol avec force impatience,
Tes bons yeux tellement vifs, scintillants et perdus.

Et tu m'as regardé... et alors j'ai fondu !
Je me suis approché, tu m'as poussé du groin.
Nous avons échangé quelques propos salés.
Dans ce sous-bois obscur, on a bien rigolé !
Et depuis je t'appelle mon copain le porcin !

Observer

Observer c'est aimer le silence.
Ne plus se briser sur la rive.
Se tenir à distance.
Ne plus embrasser les récifs.

Mieux aimer et mieux rire.
Se sentir soudain exister.
Ne plus respirer des épines.
Sourire pour mieux se mêler.

Décider et grandir.
Ne plus rire quand on voudrait pleurer.

Espace

Si l'infiniment grand me fait voir des étoiles,
C'est tout bas que mon cœur se débat et frémit.
J'ai plongé mes deux poings dans les murs et les voiles,
Pensé à tête fendre et gagné des paris,

Jusqu'à vouloir me pendre au-dessus des vallées
Abandonner le simple pour des mondes ignorés
Où la peur m'excitait, et mon cœur s'emballait,
Où mes yeux s'empliraient de merveilles adorées.

Plume

Petit oiseau viens me voir,
Approche de ma fenêtre.
Ame joyeuse, apprends-moi ton monde.
S'il fait beau aujourd'hui, que ce soit contagieux.
Que mon cœur se colore comme un doux caramel.
Si demain tout est gris, cela m'importe peu,
Car mon âme aujourd'hui aura pris le soleil.

Confiné

S'enfermer au dedans, tout en soi, près du cœur,
Doux comme un bas de soie roulé dans un tiroir,
C'est un peu de bien-être, et parfois de la peur
Qui s'immisce et ternit Narcisse en son miroir.

J'y ai goûté, souvent, longtemps, comme fascinée.
Mais à force de fixer sans cesse mon reflet,
Mes yeux s'impatientaient de la vie au-dehors
Et clignaient dans le noir pour chercher des trésors.

Car le monde est si doux pour qui sait l'accueillir,
Et si parfois la vie pousse à nous recueillir
C'est pour mieux rebondir et pour mieux s'extasier
Les yeux en alerte et le cœur plus léger.

Désir

Étendu sous la Lune parfois je m'enhardis.
Je rêve, je m'aventure, loin de toi qui souris.
Je gravis les montagnes, je vole, je déguerpis,
Je m'évade au-dessus des sommets vert-de-gris.

Je plane haut, je cours, je ris et je bouscule
La sagesse d'en-bas, les idées ridicules
Qui me gardent trop sage, comme il faut, près de toi,
Raisonnable en plein jour, réprimant mes émois.

Les pirouettes m'enivrent, le désir m'ensorcelle.
Mon cœur gronde et palpite, tout mon corps étincelle.
Folle étoile, il s'embrase et traverse le ciel.
Je brille et me consume, je rejoins l'essentiel.

L'essentiel qui m'attend tout en bas, qui est toi ;
Que j'aime par-dessus tout, que j'embrasse et caresse.
Qui accueille mon désir, féminine sagesse,
Et toujours me réchauffe comme un doux bas de soie.

Araignée

Le soleil ce farceur picotait mes paupières.
Je jouais à cache cache avec mon oreiller.
Des plumes pourraient-elles adoucir le monde ?
Polir le dur diamant qui blessait mes entrailles ?
Et s'il ne s'agissait que d'une pacotille ?
Un bijou de misère, éclat de fête foraine ?

Juste fermer les yeux.
Occulter la braise et s'oublier soi-même.
Essaie un peu pour voir...
Faible corps transparent sous son manteau de plumes.
Le plus léger des souffles pourrait tout disperser.
Mais si je garde tout, serré comme une enclume,
Tout comme une araignée posée là sur sa toile,
Cela restera-t-il à jamais inchangé ?
Mais si j'éternue ? Si j'essaie pour voir ?

Abri

Tu m'avais dit "attends-moi", alors je t'ai attendu.
Tu m'avais dit "je reviendrai", mais tu n'es pas revenu.
J'ai oublié la vie, j'ai oublié le monde. Toujours je restais dans le noir aux aguets.
A genoux sur mes rêves, loin de toi mais si proche, je creusais comme un petit soldat ma tranchée.
Et puis j'ai retrouvé, dans ma tête et mes poches, de très vieux souvenirs : des rires et des comptines, du sable et du ciment, et la terre du chemin où je jouais enfant.
J'ai quitté mon abri, abandonné mon poste. Pas à pas j'ai repris le chemin de ma vie.
J'ai traversé le ciel, enjambé la mappemonde, pour enfin en ces murs reconstruire mon logis.

Cour de récré

Enfant, je me souviens, je courais dans les feuilles mortes,
Je les dispersais en tous sens, les chiffonnais entre mes doigts.
Le soir venu, mon nez et mes yeux piquaient.
Mes chaussures étaient grises, et mes mains étaient noires.
J'en frottais les paumes avec mes pouces, j'en nettoyais doucement les lignes ombrées de terre.

Et puis les années ont passé, les grands se sont disputés.
Je ne joue plus, je suis une grande.
Mais toujours j'éparpille les feuillages, je me salis les mains, je suis turbulente.
Et comme des feuilles mortes je disperse les souvenirs.
Et puis j'efface tout, pour repartir encore...

Sucreries

Maman pâte à beignet, légère comme l'écume,
Je saute dans les vagues, tant pis pour mon poids plume !
Vos joues que je caresse sont douces comme les dunes,
Vous êtes mes délices, mes gâteaux de Fortune !